BEI GRIN MACHT SICH IHR WISSEN BEZAHLT

- Wir veröffentlichen Ihre Hausarbeit,
  Bachelor- und Masterarbeit

- Ihr eigenes eBook und Buch -
  weltweit in allen wichtigen Shops

- Verdienen Sie an jedem Verkauf

Jetzt bei www.GRIN.com hochladen
und kostenlos publizieren

Bibliografische Information der Deutschen Nationalbibliothek:

Die Deutsche Bibliothek verzeichnet diese Publikation in der Deutschen National-bibliografie; detaillierte bibliografische Daten sind im Internet über http://dnb.d-nb.de/ abrufbar.

Impressum:

Copyright © 2016 GRIN Verlag, Open Publishing GmbH
Druck und Bindung: Books on Demand GmbH, Norderstedt Germany
ISBN: 9783668258235

Dieses Buch bei GRIN:

http://www.grin.com/de/e-book/335764/warenkorb-programmieren-in-java

Ina Meyer

Warenkorb. Programmieren in Java

GRIN Verlag

GRIN - Your knowledge has value

Der GRIN Verlag publiziert seit 1998 wissenschaftliche Arbeiten von Studenten, Hochschullehrern und anderen Akademikern als eBook und gedrucktes Buch. Die Verlagswebsite www.grin.com ist die ideale Plattform zur Veröffentlichung von Hausarbeiten, Abschlussarbeiten, wissenschaftlichen Aufsätzen, Dissertationen und Fachbüchern.

Besuchen Sie uns im Internet:

http://www.grin.com/

http://www.facebook.com/grincom

http://www.twitter.com/grin_com

Inhaltsverzeichnis

Einführung

Online-Shopping liegt im Trend. Einer BITKOM-Studie von 2012 zufolge kaufen neun von zehn Internetnutzern Waren und Dienstleistungen im Internet. Dabei lockt neben der großen Auswahl vor allem die bequeme Möglichkeit, jederzeit von zu Hause aus auf Einkaufstour zu gehen.

Dieser Aspekt stellt gerade den Online-Handel immer wieder vor Herausforderungen, denn nicht nur das Angebot muss für den Nutzer attraktiv sein, sondern auch die Komponenten des Shops wie der Warenkorb und die Bezahlfunktionen. Neben der Sicherheit sind hier auch die Funktionen ein zentrales Thema. Warenkorb-Abbrüche gehören zu den Online Shops wie hohe Retoure-Quoten. Ein Grund dafür sind nicht zuletzt fehlende Funktionalitäten und Benutzerunfreundlichkeit.

Doch grundlegend für einen Online-Shop ist natürlich erst einmal, dass es einen Warenkorb gibt. Der Warenkorb gilt seit jeher als die kritische Stelle im Online-Bestellprozess und ist die Instanz, die es zu überwinden gilt, um erfolgreich im Online-Handel zu sein.

Dieses Assignment soll nun eine Warenkorb-Variante auf Basis von Java beschreiben, in der die grundlegendsten Warenkorbfunktionen enthalten sind. Folgende Aufgabenstellung liegt dieser Arbeit zugrunde:

Entwickeln Sie eine Klasse Warenkorb und eine Klasse Artikel.
In der Klasse Warenkorb sollen die gewählten Artikel gespeichert werden Es sollen Methoden zum Erstellen des Warenkorbs, zur Ausgabe der Artikel, zum Hinzufügen und Löschen von Artikel sowie zum Berechnen des Gesamtpreises aller Artikel zur Verfügung stehen. Auch möchte man eine Methode zur Angabe der Gesamtanzahl der Artikel in einem Warenkorb.
In der Klasse Artikel werden die Eigenschaften der Artikel, wie Artikelnummer, Beschreibung, Nettopreis und Steuersatz vermerkt. Es gibt Methoden zum Anlegen von Artikel sowie zum Auslesen und zur Änderungen einzelner wesentlicher Attribute. Stellen Sie für diese Problemstellung nur die wirklich wichtigen Methoden zum Auslesen und Ändern der Attribute zur Verfügung. (Information Hidding).
In einem Mainprogramm soll dann beispielhaft für mehrere Anwender jeweils ein Warenkorb erstellt werden, der nach und nach mit Artikel gefüllt wird. Am Schluss erfolgt für jeden Anwender eine Ausgabe der Artikel, die im Warenkorb gespeichert sind. Am Ende dieser Ausgabe erfolgt die Angabe des Netto- sowie des Bruttogesamtpreises für diesen Warenkorb. Zur Beschreibung der Klassen sollen UML-Diagramme verwendet werden. Diskutieren Sie auch kritisch die Umsetzung der Fragestellung.

Die Entscheidung, Java für die Programmierung zu verwenden, wurde aufgrund der Aufgabenstellung und des Moduls vorgegeben. Jedoch soll im Kapitel Allgemeines auch dargestellt werden, warum die Verwendung von Java in diesem Fall sinnvoll ist.

Auf Basis der Aufgabenstellung werden vier Klassen in der Programmiersprache Java erstellt, die die angegebenen Funktionen enthalten. Die Klassen Warenkorb, Artikel und Main sind dabei die geforderten Klassen. Des Weiteren wird es noch die Klasse WarenkorbException geben, um eventuelle Fehler anzuzeigen.

Diese Klassen und deren Programmierung werden in eigenen Unterkapiteln im Kapitel Klassen erläutert. Wichtig hierbei ist, dass die jeweiligen Klassen lediglich die Funktionalitäten liefern. Die Integration in eine Webansicht bzw. ein Frontend ist nicht Bestandteil dieser Arbeit.

Weiterhin wurde entschieden als Grundlage des Warenkorbes eine Datenbank anzubinden. Genutzt wird hierbei eine MySQL-Datenbank.

Ziel dieses Assignments ist es, die Funktionalitäten eines Warenkorbes mittels Java zu programmieren und die Umsetzung kritisch zu beleuchten. Eine Bewertung der Programmierung erfolgt im Kapitel Fazit.

Das Kapitel Ausblick soll noch Erweiterungsmöglichkeiten der Programmierung aufzeigen.

Im Anhang dieses Assignments befindet sich der Quellcode der beschriebenen Klassen.

Die Programmierung der Klassen erfolgte mit NetBeans IDE 8.0.2.

Allgemeines

Die Programmierung eines Warenkorbes ist mit verschiedenen Programmierung- oder Skriptsprachen möglich. Gerade für den Webbereich werden häufig PHP oder Java benutzt.

Nun muss man sich überlegen, welche Programmiersprache für die eigene Programmierung sinnvoll ist.

PHP heute die am weitesten verbreitete Technik für Web-Anwendungen. Gerade in der Lamp-Kombination (Linux, Apache, MySQL und PHP) kommt die Skriptsprache auf vielen Web-Servern zum Einsatz. Das liegt sicher zu einem Großteil an dem geringen Entwicklungsaufwand für PHP-Anwendungen. Die Wartungsfreundlichkeit eines Programms geht mit der Unterstützung von gutem Design und guter Lesbarkeit einher. PHP teilweise schlecht lesbar und kann zu uneinheitlichen Programmen führen. Außerdem ist PHP wenig robust. Das bedeutet, dass eine Web-Anwendung eine Vielzahl von Anfragen gleichzeitig beantworten muss ohne dabei hängen zu bleiben. Die schwache Typisierung der Sprache ist Teil des Konzepts, aber eben auch Fehlerquelle. Es ist ein prinzipieller Unterschied, ob Fehler zur Laufzeit oder zur Entwicklungszeit auftreten und gefunden werden können. Tatsache ist, das PHP ein Auffinden von Fehlern zur Entwicklungszeit nicht so gut unterstützt wie es beispielsweise strikt typisierte Compiler-Sprachen erlauben.

Java-Anwendungen zeichnen sich dadurch aus, dass sie geradezu beliebig erweiterbar sind. Die Dokumentation der Bibliotheken ist oft sehr gut und es gibt eine Reihe an professioneller Literatur, die beim Entwickeln hilfreich ist.

Java gehört zu den am besten lesbaren Programmiersprachen. Durch die objektorientierte Programmierung mit der sehr guten Modularisierung ist es leicht, wartungsfreundliche Web-Anwendungen zu entwickeln. Die leichte Erweiterbarkeit von Java-Anwendungen führt jedoch schnell zu extrem komplexen Programmen mit unangemessen hohen Wartungsaufwänden.

Java ist eine Compiler-Sprache und gilt daher als verhältnismäßig robust wegen der bekannten Typsicherheit, des Exception-Handling-Konzepts und der ausgereiften Laufzeitumgebungen. Außerdem ist es bei gutem Design sehr schnell und liegt fast im Bereich von nativen C-Programmen.

Die positiven Aspekte sind ein guter Grund, sich bei der Programmierung eines Warenkorbes für Java zu entscheiden.

Klassen

Allgemeines

Die Basis für die Nutzung der Java-Klassen ist eine Datenbank. Genutzt wurde hier eine MySQL-Datenbank mit dem Namen Warenkorb. Mittels des folgenden SQL-Statements wurde die Tabelle Artikel angelegt:

```
CREATE TABLE ARTIKEL (
    a_id INTEGER UNSIGNED NOT NULL AUTO_INCREMENT,
    a_warenkorb_id INTEGER UNSIGNED NULL,
    a_bezeichnung VARCHAR(128) NULL,
    a_beschreibung VARCHAR(128)NOT NULL,
    a_preis FLOAT NULL,
    a_steuersatz FLOAT NULL,
    a_anzahl INTEGER UNSIGNED NULL,
    PRIMARY KEY(a_id)
);
```

Die Datentypen für die Felder der Tabelle wurden als Grundlage für die Datentypen der Variablen bei der Programmierung genutzt.

Als Verbindung zwischen der Datenbank und der Java-Applikation wird ein JDBC-Treiber benötigt. Dieser wird später in der Klasse Main angesprochen, um die Datenbankverbindung herzustellen.

Um die Klassen Warenkorb und Artikel zu erstellen, wurde sich das Klassendiagramm in Abb. 1 überlegt.

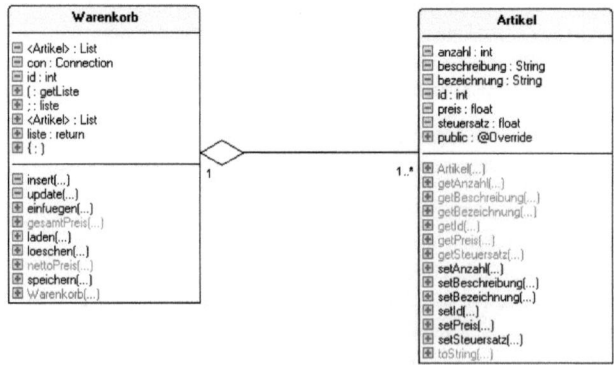

Abb. 1 Klassendiagramm

4

Dabei wurde zwischen den beiden Klassen die Assoziation Aggregation gewählt.

„Eine Aggregation ist eine Assoziation, erweitert um den semantisch unverbindlichen Kommentar, dass die beteiligten Klassen keine gleichwertige Beziehung führen, sondern eine "Teil von"-Beziehung darstellen. Eine Aggregation soll beschreiben, wie sich etwas Ganzes aus seinen Teilen logisch zusammensetzt.

Eine Aggregation wird wie eine Assoziation als Linie zwischen zwei Klassen dargestellt und zusätzlich mit einer kleinen Raute versehen. Die Raute steht auf der Seite des Aggregats, also des Ganzen. Sie symbolisiert gewissermaßen das Behälterobjekt, in dem die Einzelteile gesammelt sind. Im Übrigen gelten alle Notationskonventionen der Assoziation." [6]

In diesem Fall bedeutet die Aggregation, dass der Artikel einen Teil des Warenkorbs darstellt. Im weiteren Verlauf sollen nun die Klassen näher erklärt werden.

Artikel

Für die Artikel wurde eine eigene Klasse erstellt. Es handelt sich dabei um eine einfache Datenhaltungsklasse. Sie enthält zum einen Attribute entsprechend den Spalten der Datenbanktabelle und zum anderen die dazugehörigen get- und set-Methoden (siehe Abb. 2).

Abb. 2: Aufbau der Klasse Artikel

Die Klasse Artikel enthält die Variablen id, bezeichnung, beschreibung, preis, steuersatz und anzahl. Sie ist um weitere Variablen erweiterbar. Es wurde sich hier nur auf die geforderten beschränkt.

Die set- und get-Methoden dienen zum Setzen (set) und zum Auslesen (get) eines Attributes. Ein anderer Begriff ist getter- bzw. setter-Methoden. Eine Methode, bei der ein Rückgabedatentyp angegeben ist, muss zwingend einen Wert diesen Typs über das Schlüsselwort return zurückgeben. Für die Methode get bedeutet das, dass sie zum Beispiel bei `public String getBezeichnung()` eine Variable vom Datentyp String zurückgeben muss in diesem Fall bezeichnung.

Weiterhin enthält die Klasse Artikel die Definitionen für die Eingaben der Artikeleigenschaften. So wird festgelegt, was Pflichtfelder sind und welche Felder leer sein dürfen. Außerdem werden die Exceptions definiert für den Fall, dass eine Eingabe fehlerhaft ist. So dürfen beispielsweise für den Preis und für den Steuersatz keine negativen Werte eingegeben werden. Geschieht dies doch, so erfolgt eine Fehlermeldung, die darauf hinweist, dass dies keine korrekte Eingabe darstellt.

Am Ende der Klasse Artikel wurde die Annotation `@Override` eingefügt. *„Mit diesem Typ kann eine Methode gekennzeichnet werden, die die Methode ihrer Oberklasse überschreibt. Der Compiler stellt dann sicher, dass die Oberklasse diese Methode enthält und gibt einen Fehler aus, wenn dies nicht der Fall ist."* [5] Innerhalb dieser Annotation wurde die Klasse StringBuilder verwendet. Zeichenketten, die in String-Objekten gespeichert sind, haben die Eigenschaft, dass sich ihr Inhalt nicht mehr verändert lässt. StringBuilder verhält sich da anders, denn hier lassen sich Veränderungen vornehmen. Die Veränderungen betreffen anschließend das StringBuilder-Objekt selbst und es wird kein neu erzeugtes Objekt als Ergebnis geliefert wie zum Beispiel beim Plus-Operator und der `concat()`- Methode bei herkömmlichen String-Objekten.

Da die Artikel-Variablen so definiert wurden, dass Leereingaben derzeit nicht möglich sind, wurden Default-Werte am Anfang der Klasse vergeben. Eine Fehlermeldung aufgrund eines leeren Eintrags kann somit nur entstehen, wenn der Default-Wert mit einem leeren Eintrag überschrieben wird.

Die Klasse Artikel konnte somit laut Aufgabenstellung mit einer verhältnismäßig einfachen Variante umgesetzt werden.

Warenkorb

Die Klasse Warenkorb soll laut Aufgabenstellung verschiedene Funktionalitäten bereitstellen (siehe Abb. 3):

- Speicherung der gewählten Artikel
- Methoden zum Erstellen des Warenkorbs
- Methoden zum Hinzufügen und Löschen von Artikel
- Methoden zum Berechnen des Gesamtpreises aller Artikel
- Methode zur Angabe der Gesamtanzahl der Artikel in einem Warenkorb.

Die gewünschten Funktionalitäten wurden programmiert und können im Sourcecode in der Anlage unter dem Punkt Warenkorb gesichtet werden.

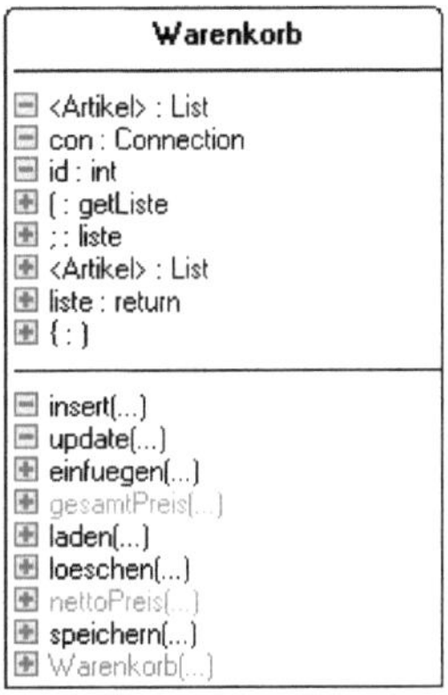

```
Warenkorb

⊟ <Artikel> : List
⊟ con : Connection
⊟ id : int
⊞ ( : getListe
⊞ ; : liste
⊞ <Artikel> : List
⊞ liste : return
⊞ { : }

⊟ insert(...)
⊟ update(...)
⊞ einfuegen(...)
⊞ gesamtPreis(...)
⊞ laden(...)
⊞ loeschen(...)
⊞ nettoPreis(...)
⊞ speichern(...)
⊞ Warenkorb(...)
```

Abb. 3: Aufbau der Klasse Warenkorb

Der Konstruktor Warenkorb instanziiert den Warenkorb und enthält neben der Referenz auf die MySQL-Datenbankverbindung auch die Warenkorb-ID als Parameter. *„Konstruktoren sind spezielle methodenähnliche Klassenstrukturen, die den Namen ihrer Klasse tragen und beim Erzeugen von Objekten der Klasse über das Schlüsselwort new aufgerufen werden."* [2]

Des Weiteren enthält die Klasse verschiedene Methoden wie laden(), speichern(), einfuegen() und loeschen(). Diese Methoden benötigen als Basis immer eine Datenbankverbindung, um die Daten aus der Datenbank laden zu können oder diese in die Datenbank zu speichern.

Über die Methode einfuegen() kann einer Liste ein Artikel hinzugefügt werden. Dabei wird die übergebene Artikelinstanz in die Liste eingetragen. Eine Speicherung in die Datenbank erfolgt bei dieser Methode nicht. Daher werden die Artikel auch nur mit id=0 eingefügt, da die eigentliche ID erst durch das Speichern vergeben wird.

Die Methode laden() nutzt die Warenkorb-ID und liest alle Datensätze mit der entsprechenden ID aus der Datenbank aus. Zu Beginn wird über liste.clear(); die Liste mit den Datensätzen geleert. Danach werden mit den ausgelesenen Datensätzen Artikel-Instanzen erstellt und in die leere Liste eingefügt.

Um alle in der Liste vorhandenen Artikel in die Datenbank zu speichern, wird die Methode speichern() genutzt. In dieser Methode erfolgt keine Dublettenprüfung, das heißt es können auch schon Artikel in der Datenbank als Datensatz vorhanden sein. Mit dem Speichern in die Datenbank erhält jeder Artikel mit id=0 eine automatisch generierte ID, da es sich in diesem Fall immer um einen neuen Artikel handelt. Sollte der Artikel bereits eine ID besitzen, werden eventuelle Änderungen in die Datenbank übernommen.

Für das Einfügen und das Aktualisieren von Datensätzen in der Datenbank wurden zwei Hilfsmethoden geschrieben. Hilfsmethode 1 behandelt das Einfügen von Datensätzen neuer Artikel. Sie enthält unter anderem das SQL-Statement für die Datenbank zum Einfügen von Datensätzen und eine Fehlerbehandlung. Hilfsmethode 2 unterstützt die Aktualisierung der Datenbank bei bereits enthaltenen Artikeln. Auch hier ist das entsprechende SQL-Statement inklusive passender Fehlerbehandlung enthalten.

Um Datensätze aus der Warenkorbliste zu löschen, muss die Methode `loeschen()` angesprochen werden. Sie enthält den SQL-Befehl `DELETE` zum Löschen von Werten aus der Datenbank. Wenn der Datensatz nicht in der Datenbank enthalten war, wird dieser Fehler über eine Fehlerbehandlung abgearbeitet.

Da im Warenkorb auch der Gesamtpreis aller in der Liste enthaltenen Artikel erscheinen soll, wurde die Methode `gesamtPreis()` geschrieben. Diese Methode liefert die Summe der Preise multipliziert mit der Anzahl aller in der Warenkorbliste enthaltenen Artikel.

Schlussendlich gibt es noch die Methode `getListe()`. Diese liefert eine Referenz auf die Warenkorbliste über eine einfache get-Methode. *„Eine Zugriffsmethode, die eine Eigenschaft eines Objekts abfragt, heißt auch Abfragemethode oder Getter (von englisch to get – etwas holen). Die Eigenschaft kann entweder direkt aus einem Objektattribut entnommen werden, das dann normalerweise eine geringere Sichtbarkeit hat, oder im Moment des Aufrufs berechnet werden. Für den Aufrufer ist das nicht erkennbar, dadurch wird die Kapselung sichergestellt."* [1]

Zusammenfassend kann man sagen, dass die Klasse „Warenkorb" alle grundlegenden Methoden eines Warenkorbes enthält. Der Übersicht halber wurden die Methoden so einfach wie möglich gehalten. Mögliche Fehlerquellen wurden mittels Fehlerbehandlung versucht zu behandeln. Einige Methoden wie zum Beispiel `speichern()` sind noch ausbaufähig und könnten um Funktionalitäten wie hier die Dublettenprüfung erweitert werden. Weiterhin wurde zum Abfragen des Stacks die Methode `printStackTrace()` benutzt. *„Die Methode printStackTrace() stammt von Throwable und ist überladen; die Signaturen sind: printStackTrace(), printStackTrace(PrintStream) und printStackTrace(PrintWriter). Intern ruft printStackTrace() einfach printStackTrace(System.err) auf, sodass der Stack-Trace automatisch auf den Fehlerausgabekanal kommt."* [3] Sie *„liefert eine ausführliche String-Beschreibung der Exception, die den Klassennamen und einen Stacktrace einschließt, der von dem Punkt, an dem die Exception abgefangen wurde, zu dem Punkt reicht, an dem sie ausgelöst wurde"* [4]. Alle verwendeten Methoden können um weitere Funktionalitäten erweitert werden, um den Warenkorb noch komfortabler zu gestalten. Zum Bereitstellen der Grundfunktionalitäten ist diese Variante der Klasse völlig ausreichend.

Main

Die Klasse Main stellt den Einstiegspunkt in die Ausführung einer Java-Anwendung dar und muss die Signatur `public static void main(String[] args)` besitzen. `public` wird verwendet, weil von außerhalb der Klasse auf sie zugegriffen wird. `static` wird angegeben, weil sie aufgerufen wird ohne dass vorher ein Objekt einer Klasse gebildet wurde und `void` gibt an, dass sie keinen Rückgabewert besitzt. Der Parameter `String[] args`, der auch `String args[]` geschrieben werden darf, ist ein Array, das die vom Aufruf entgegen genommenen Kommandozeilenparameter enthält.

Innerhalb der Klasse wird der Datenbankzugriff initialisiert. Zuerst wird die Datenbankverbindung geöffnet und die Warenkorb-Instanz erhält im Konstruktor eine Referenz auf eben diese Datenbank-Verbindung.

Zu Testzwecken wurde eine Artikelinstanz angelegt, die Testwerte in den Warenkorb schreibt. Mit `wk.einfügen(a);` und `wk.speichern();` werden die Werte in den Warenkorb eingefügt und der Warenkorb dann abgespeichert.

Das Statement:

```
for (Artikel a1 : wk.getListe())
        System.out.println(a1);
System.out.println("Gesamtpreis: " + wk.gesamtPreis());
```

zeigt alle Artikel aus dem Warenkorb an und gibt den Gesamtpreis aller enthaltenen Artikel aus.

Um die Löschfunktion zu testen, wurde eine zweite Warenkorb-Instanz mit gleicher ID angelegt, die den gleichen Artikel enthalten sollte. Dieser wird aus der Datenbank geladen mit der Methode `wk2.laden();`. Da sich der Artikel nun doppelt im Warenkorb befinden würde, wird der erste Artikel aus der Liste gelöscht und alle verbliebenen Artikel angezeigt.

Am Ende der Klasse Main wird die Datenbank-Verbindung wieder geschlossen mit dem Statement `con.close();`.

Auch diese Klasse konnte erfolgreich getestet werden und liefert die in der Aufgabenstellung geforderten Funktionalitäten. Der Testdatensatz konnte erfolgreich in die Datenbank geschrieben werden und die Manipulationen des Datensatzes waren erfolgreich.

Fazit

Die geforderten Variablen konnten in den beschriebenen Klassen umgesetzt werden. Jedoch gibt es durchaus Optimierungsmöglichkeiten. Einige Optimierungsmöglichkeiten sollen nun angesprochen werden.

Zuerst einmal könnte man sich streiten, ob Java als Programmiersprache für einen Warenkorb sinnvoll ist. *„Der größte Vorteil ist auch gleichzeitig ein Nachteil: die Performance ist verringert, da Java-Code vom Interpreter (der die Plattformunabhängigkeit erst möglich macht) interpretiert wird. Momentan sind Java-Applikationen etwas langsamer als vergleichbare Anwendungen, die in C++ geschrieben wurden.“* [7]

Java als Compilersprache gilt als sehr robust wegen der Typsicherheit, des Exception-Handling-Konzepts und der ausgereiften Laufzeitumgebungen. Trotzdem bleibt festzuhalten, dass die genannten Konzepte für Java-Web-Oberflächen nur bedingt greifen.

Die Steuerung ist bei Java-Web-Anwendungen unter Umständen weit weniger robust als der klassische Java-Code. Je nach Version der verwendeten Web-Frameworks und dem verwendeten Technik-Mix mit zum Beispiel Javascript kann die Steuerung und Präsentation einer Java-Anwendung durchaus Probleme bereiten. Der Testaufwand ist nicht zu unterschätzen.

Die nächste Komponente, die man kritisch betrachten sollte, ist die Datenbank. Zunächst einmal sollte man sich fragen, ob eine Datenbank überhaupt notwendig ist. In diesem Fall gibt es wenig Alternativen zum Speichern der Artikel. Einzigste Variante wäre eine Textdatei, die pro Warenkorb angelegt wird. Dies stellt aber keine wirkliche Alternative dar, da eine Datenbank schon auch Datenschutzsicht viel mehr Möglichkeiten bietet.

In diesem Beispiel wurde eine MySQL-Datenbank benutzt, die über den JDBC-Treiber aufgerufen wird. Java bietet prinzipiell für beinahe alle gängigen Datenbanken die Möglichkeit, sie einzubinden. Jedoch ist die Java-Datenbank HSQLDB die beste Variante, wenn man eine Datenbank anbinden will, die rein über Java bedient werden soll, da sie sehr leicht ohne Administratorrechte läuft und genügend leistungsfähig ist. *„HSQLDB (http://hsqldb.org/) ist ein pures Java-RDBMS unter der freien BSD-Lizenz. Die Datenbank lässt sich in zwei Modi fahren: als eingebettetes Datenbanksystem und als Netzwerkserver. Im Fall eines eingebauten Datenbanksystems ist lediglich die Treiberklasse zu laden und die Datenbank zu bestimmen, und schon geht's los."* [8]

Die hier benutzte MySQL-Datenbank wurde verwendet, da sie zum einen schnell und zum anderen mit dem XAMPP-System leicht zu installieren und administrieren ist.

Auch die Klassen haben durchaus noch Potential für Änderungen.

Die Klasse Artikel enthält wie bereits beschrieben die Klasse StringBuilder, die Methoden bietet, um die Zeichenketten zu manipulieren. Dies erfolgt jedoch nicht synchronisiert. Bei nebenläufigen Programmen kann daher die interne Datenstruktur vom StringBuilder-Objekt inkonsistent werden, sie ist aber dafür bei nicht-nebenläufigen Zugriffen ein wenig schneller als beispielsweise StringBuffer.

Außerdem ließen sich die Klassen noch um zusätzliche Komponenten erweitern.

Aus Programmierersicht gibt es auch bei dem im Anhang dargestellten Quellcode einen großen Kritikpunkt. Bei der Programmumsetzung wurde auf Kommentare verzichtet. Jedoch sollte aus Gründen der Wiederverwendbarkeit und der Dokumentation eine ausführliche Kommentierung erfolgen. *„Für eine gute Wiederverwendbarkeit von Programmen ist es – neben der Einhaltung der Style-Guide-Konventionen – erforderlich, den Programmcode zu dokumentieren."* [9]

Zusammenfassend kann festgestellt werden, dass alle in der Aufgabenstellung geforderten Komponenten umgesetzt werden konnten. Die grundlegenden Klassen für die weitere Implementierung eines Warenkorbs wurden erstellt, dass heißt die funktionalen Anforderungen wurden erfüllt.

Ausblick

Wie schon im Fazit erwähnt, gibt es Möglichkeiten, die Klassen noch auszubauen und das Projekt zu erweitern.

So wäre innerhalb der Klasse Warenkorb eine Dublettenprüfung in Methode `speichern()` möglich.

Der größte Teil, der in dieser Arbeit nicht betrachtet wurde, ist die grafische Umsetzung des Warenkorbs. Hierfür bietet Java verschiedene Möglichkeiten. So könnte das AWT (Abstract Window Toolkit) oder Swing für die Umsetzung benutzt werden. Denkbar wären auch Java Server Pages.

Für die Realisierung muss man aber grundlegend entscheiden, ob der Warenkorb Teil einer Programmoberfläche sein soll oder als Webanwendung inkludiert werden soll.

Quellen

Webseiten

[1]   http://de.wikipedia.org/wiki/Zugriffsfunktion

[2]   http://javabeginners.de/Grundlagen/Konstruktor.php

[3]   http://openbook.rheinwerk-verlag.de/javainsel/javainsel_06_008.html#dodtp2c4b63ff-fbc2-4d89-a19a-33b93a9843c0

[5]   http://de.wikipedia.org/wiki/Annotation_%28Java%29

[6]   http://www.sparxsystems.de/ressourcen/literatur/leseprobe-zu-projektabwicklung-mit-uml-und-enterprise-architect/klassendiagramm-class-diagram/

[7]   http://ddi.cs.uni-potsdam.de/HyFISCH/Produzieren/SeminarDidaktik/OOP/java_vor_nachteile.html

[8]   http://openbook.rheinwerk-verlag.de/javainsel9/javainsel_24_002.htm#mj05bbe3339ed38c4aecd367ec359c4011

Bücher

[4]   Java kurz & gut - Autoren: Robert Liguori,Patricia Liguori – Verlag: O'Reilly Germany – Erscheinungsdatum: 12.07.2014 – S. 92

[9]   Studienbrief JAV101: Programmieren in Java – S. 35

Abbildungsverzeichnis

Anhang

Klasse Warenkorb

```java
package warenkorb;
import java.sql.Connection;
import java.sql.ResultSet;
import java.sql.SQLException;
import java.util.ArrayList;
import java.util.List;
import java.sql.PreparedStatement;

public class Warenkorb
{
        private Connection con;
        private int id;
        private List<Artikel> liste;

        public Warenkorb(Connection con, int id)
        {
                this.con = con;
                this.id = id;
                liste = new ArrayList<Artikel>();
        }
```

```java
public void laden() throws WarenkorbException
{
        liste.clear();

        PreparedStatement pstmt = null;
        ResultSet rs = null;
        try
        {
                String sql = "SELECT a_id, a_bezeichnung,
a_beschreibung, a_preis, a_steuersatz, a_anzahl " +
                        "FROM artikel " +
                        "WHERE a_warenkorb_id = ?";
                pstmt = con.prepareStatement(sql);
                pstmt.setInt(1, id);
                rs = pstmt.executeQuery();
                while (rs.next())
                {
                        Artikel a = new Artikel();
                        a.setId(rs.getInt("a_id"));

a.setBezeichnung(rs.getString("a_bezeichnung"));

a.setBeschreibung(rs.getString("a_beschreibung"));
                        a.setPreis(rs.getFloat("a_preis"));

a.setSteuersatz(rs.getFloat("a_steuersatz"));
                        a.setAnzahl(rs.getInt("a_anzahl"));
                        liste.add(a);
                }
        } catch (SQLException e)
        {
                e.printStackTrace();
                throw new WarenkorbException("Das Laden der Artikel
schlug fehl.");
        }
        finally
        {
                try
                {
                        if (pstmt != null)
                                pstmt.close();
                        if (rs != null)
                                rs.close();
                } catch (SQLException e)
                {
                        e.printStackTrace();
                }
        }
}

public void einfuegen(Artikel a) throws WarenkorbException
{
        if (a.getId() != 0)
```

```java
                        throw new WarenkorbException("Die ID eines neuen
Artikels muss 0 sein");
                liste.add(a);
        }

        public void speichern() throws WarenkorbException
        {
                for (Artikel a : liste)
                {
                        if (a.getId() == 0)
                                insert(a);
                        else
                                update(a);
                }
        }

        private void insert(Artikel a) throws WarenkorbException
        {
                String sql = "INSERT INTO artikel (a_warenkorb_id,
a_bezeichnung, a_beschreibung, a_preis, a_steuersatz, a_anzahl) " +
                                "VALUES(?, ?, ?, ?, ?, ?)";
                PreparedStatement ps = null;
                ResultSet rs = null;
                try
                {
                        ps = con.prepareStatement(sql);
                        ps.setInt(1, id);
                        ps.setString(2, a.getBezeichnung());
                        ps.setString(3, a.getBeschreibung());
                        ps.setFloat(4, a.getPreis());
                        ps.setFloat(5, a.getSteuersatz());
                        ps.setInt(6, a.getAnzahl());
                        if (ps.executeUpdate() != 1)
                                throw new WarenkorbException("Es ist ein
Fehler beim Anlegen des Datensatzes aufgetreten.");
                        rs = ps.getGeneratedKeys();
                        if (rs.next())
                                a.setId(rs.getInt(1));
                        else
                                throw new WarenkorbException("Beim Auslesen
des Primärschlüssels aus der Datenbank ist ein Fehler aufgetreten.");
                } catch (SQLException e)
                {
                        e.printStackTrace();
                        throw new WarenkorbException("Beim Anlegen des
Datensatzes ist ein Fehler aufgetreten");
                }
                finally
                {
                        try
                        {
                                if (ps != null)
                                        ps.close();
                                if (rs != null)
```

```
                                        rs.close();
                        } catch (SQLException e)
                        {
                                e.printStackTrace();
                        }
                }
        }

        private void update(Artikel a) throws WarenkorbException
        {
                String sql = "UPDATE artikel SET a_warenkorb_id = ?,
a_bezeichnung = ?, a_beschreibung = ?, a_preis = ?, a_steuersatz = ?,
a_anzahl = ? " +
                        "WHERE a_id = ?";
                PreparedStatement ps = null;
                try
                {
                        ps =con.prepareStatement(sql);
                        ps.setInt(1, id);
                        ps.setString(2, a.getBezeichnung());
                        ps.setString(3, a.getBeschreibung());
                        ps.setFloat(4, a.getPreis());
                        ps.setFloat(5, a.getSteuersatz());
                        ps.setInt(6, a.getAnzahl());
                        ps.setInt(7, a.getId());
                        if (ps.executeUpdate() != 1)
                                throw new WarenkorbException("Der Datensatz
ist nicht vorhanden. Daher ist eine Aktualisierung nicht möglich.");
                        System.out.println("Aenderungen gespeichert: " + a);
                } catch (SQLException e)
                {
                        e.printStackTrace();
                        throw new WarenkorbException("Beim Aktualisieren
des Datensatzes ist ein Datenbankfehler aufgetreten");
                }
                finally
                {
                        if (ps != null)
                                try
                                {
                                        ps.close();
                                } catch (SQLException e)
                                {
                                        e.printStackTrace();
                                }
                }

        }


        public void loeschen(Artikel a) throws WarenkorbException
        {
                if (liste.remove(a))
                {
```

```java
                PreparedStatement ps = null;
                try
                {
                        ps = con.prepareStatement("DELETE FROM
artikel WHERE a_id = ?");
                        ps.setInt(1, a.getId());
                        if (ps.executeUpdate() != 1)
                                throw new WarenkorbException("Der
Artikel ist nicht in der Datenbank vorhanden");
                        System.out.println("Folgender Artikel wurde
gelöscht: " + a);
                } catch (SQLException e)
                {
                        e.printStackTrace();
                        throw new WarenkorbException("Es trat ein
Fehler beim Löschen des Artikels auf.");
                }
                finally
                {
                        if (ps != null)
                                try
                                {
                                        ps.close();
                                } catch (SQLException e)
                                {
                                        e.printStackTrace();
                                }
                }
        }
        else
                throw new WarenkorbException("Der Artikel ist nicht
in der Liste vorhanden.");
    }
    public float nettoPreis()
    {
            float preis_ohne_st = 0;
            float nettopreis = 0;
            for (Artikel a : liste){
                    preis_ohne_st += a.getPreis()*a.getAnzahl();
                    nettopreis = preis_ohne_st;
            }
            return nettopreis;
    }
    public float gesamtPreis()
    {
            float preis_ohne_st = 0;
            float steuersatz_ohne_prozent = 0;
            float preis = 0;
            for (Artikel a : liste){
                    preis_ohne_st += a.getPreis()*a.getAnzahl();
                    steuersatz_ohne_prozent += a.getSteuersatz()/100;
                    preis = preis_ohne_st +
(steuersatz_ohne_prozent*preis_ohne_st);
            }
```

```java
                return preis;
        }

        public List<Artikel> getListe()
        {
                return liste;
        }
}
```

Klasse Artikel

```java
package warenkorb;
public class Artikel
{
        private int id;
        private String bezeichnung;
        private String beschreibung;
        private float preis;
        private float steuersatz;
        private int anzahl;

        public Artikel()
        {
                id = 0;
                bezeichnung = "unbekannt";
                beschreibung = "unbekannt";
                preis = 0;
                steuersatz = 0;
                anzahl = 1;
        }

        public int getId()
        {
                return id;
        }

        public void setId(int id) throws WarenkorbException
        {
                if (id >= 0)
                        this.id = id;
                else
                        throw new WarenkorbException("Eine negative
Artikel-ID ist nicht erlaubt.");
        }

        public String getBezeichnung()
        {
                return bezeichnung;
        }
```

```java
        public void setBezeichnung(String bezeichnung) throws
WarenkorbException
        {
                if (bezeichnung != null &&
bezeichnung.trim().length() > 0)
                        this.bezeichnung = bezeichnung;
                else
                        throw new WarenkorbException("Eine leere
Artikel-Bezeichnung ist nicht erlaubt.");
        }
        public String getBeschreibung()
        {
                return beschreibung;
        }

        public void setBeschreibung(String beschreibung) throws
WarenkorbException
        {
                if (beschreibung != null &&
beschreibung.trim().length() > 0)
                        this.beschreibung = beschreibung;
                else
                        throw new WarenkorbException("Eine leere
Artikel-Beschreibung ist nicht erlaubt.");
        }

        public float getPreis()
        {
                return preis;
        }

        public void setPreis(float preis) throws WarenkorbException
        {
                if (preis > 0)
                        this.preis = preis;
                else
                        throw new WarenkorbException("Ein negativer
Preis ist nicht erlaubt.");
        }
        public float getSteuersatz()
        {
                return steuersatz;
        }

        public void setSteuersatz(float steuersatz) throws
WarenkorbException
        {
                if (steuersatz > 0)
```

```java
                    this.steuersatz = steuersatz;
            else {
                    //throw new WarenkorbException("Ein
negativer Steuersatz ist nicht erlaubt.");
                    this.steuersatz = steuersatz;
                    steuersatz = steuersatz * -1;
            }
    }

    public int getAnzahl()
    {
            return anzahl;
    }

    public void setAnzahl(int anzahl) throws WarenkorbException
    {
            if (anzahl > 0)
                    this.anzahl = anzahl;
            else
                    throw new WarenkorbException("Eine negative
Anzahl ist nicht erlaubt.");
    }

    @Override
    public String toString()
    {
            StringBuilder str = new
StringBuilder(super.toString());
            str.append("\tid=").append(id);
            str.append("\tbezeichnung=").append(bezeichnung);
            str.append("\tbeschreibung=").append(beschreibung);
            str.append("\tpreis=").append(preis);
            str.append("\tsteuersatz=").append(steuersatz);
            str.append("\tanzahl=").append(anzahl);

            return str.toString();
    }
}
```

Klasse Main

```java
package warenkorb;

import java.sql.Connection;
import java.sql.DriverManager;
import java.sql.SQLException;
import java.util.List;

public class Main
{
```

```java
        public static void main(String[] args)
        {
                Connection con = null;
                try
                {
                        Class.forName("com.mysql.jdbc.Driver");
                        con =
DriverManager.getConnection("jdbc:mysql://localhost:3306/Warenkorb",
"root", "");

                        Warenkorb wk = new Warenkorb(con, 1);
                        wk.laden();

                        Artikel a = new Artikel();
                        a.setBezeichnung("Testartikel");
                        a.setBeschreibung("Beschreibung des Testartikels");
                        a.setPreis(25.69);
                        a.setSteuersatz(19);
                        a.setAnzahl(10);
                        wk.einfuegen(a);
                        wk.speichern();

                        for (Artikel a1 : wk.getListe())
                                System.out.println(a1);
                        System.out.println("Preis ohne Steuer: " +
wk.nettoPreis());
                        System.out.println("Gesamtpreis inkl. Steuer: " +
wk.gesamtPreis());


                        Warenkorb wk2 = new Warenkorb(con, 1);

                        wk2.laden();

                        List<Artikel> liste = wk2.getListe();
                        if (liste.size() > 0)
                        {
                                Artikel a2 = liste.get(0);
                                System.out.println("loesche Artikel: " +
a2);
                                wk2.loeschen(a2);
                        }


                        for (Artikel a1 : wk2.getListe())
                                System.out.println(a1);
                        System.out.println("Preis ohne Steuer: " +
wk2.nettoPreis());
                        System.out.println("Gesamtpreis inkl. Steuer: " +
wk2.gesamtPreis());


                } catch(Exception e)
```

```
                {
                        e.printStackTrace();
                }
                finally
                {
                        if (con != null)
                                try
                                {
                                        con.close();
                                } catch (SQLException e)
                                {
                                        e.printStackTrace();
                                }
                }
        }
}
```

Klasse WarenkorbException

```
package warenkorb;

public class WarenkorbException extends Exception
{
        public WarenkorbException(String message)
        {
                super(message);
        }
}
```

BEI GRIN MACHT SICH IHR WISSEN BEZAHLT

- Wir veröffentlichen Ihre Hausarbeit, Bachelor- und Masterarbeit

- Ihr eigenes eBook und Buch - weltweit in allen wichtigen Shops

- Verdienen Sie an jedem Verkauf

Jetzt bei www.GRIN.com hochladen und kostenlos publizieren